AF891703

Ueber

Ehescheidungsgesetze

von

H. Krause.

Abgedruckt aus der „Protestantischen Kirchenzeitung für das evangelische Deutschland.“

Berlin,
Druck und Verlag von Georg Reimer.
1855.

Ueber Ehescheidungsgesetze sollte eigentlich eine Kirchenzeitung nichts mitzureden haben. Denn die Ehe ist sowenig ein kirchlich Ding wie jedes andere sittliche Verhältniß: wie viel weniger die Ehescheidung. Es ist indeß herkömmlich daß die Kirche bei der Eheschließung durch die Trauung sich betheiligt; und Staatswesen und Kirchenwesen sind noch immer miteinander so verworren, daß die kirchliche Betheiligung bürgerliche Wirkungen nach sich zieht, ja daß die bürgerlichen Wirkungen ohne die kirchliche Betheiligung nicht zu erlangen sind. Und diese Verwirrung wird bei Weitem noch übertroffen von der Verwirrung neuester Theologen und Staatsmänner, wenn sie über die Sache reden: die Theologen handeln von der Ehe als ob Bibel und Kirchenordnungen Staatsgesetzbücher wären; die Staatsmänner machen und begründen ihre Gesetzentwürfe über Ehescheidung mit biblischen Aussprüchen und theologischen Auseinandersetzungen; Sittliches Kirchliches und Staatliches werden auf beiden Seiten völlig durcheinandergeworfen. So lange es sich so verhält, so lange die Kirche und ihre Bibel in die bürgerliche Ehegesetzgebung mit hereingezogen wird: dürfen wir uns der leidigen Aufgabe nicht entziehen auch mitdreinzusprechen, wäre es auch nur um gegen die Verwirrung zu protestiren.

Dies nemlich ist uns allerdings das wichtigste, daß wir uns gegen die Vermengung der verschiedenen Gebiete erklären; viel wichtiger als der Widerspruch gegen einzelne Bestimmungen. Wir befinden uns den neuesten Bestrebungen das Eherecht zu reformiren gegenüber in eigenthümlicher Lage. Wir sind mit den Bestrebungen darin einverstanden: daß es mit der Ehe und Ehescheidung gar sehr ernst zu nehmen sei, und daß auch die Bestimmungen der bürgerlichen Gesetzgebung von einer Beschaffenheit sein müssen, welche dem Leichtsinn und der Willkühr der Ehescheidungen keinerlei Vorschub leistet. Wir vermögen daher nicht mit der liberalen Presse so ohne Weiteres alle einzelnen Bestimmungen dieser neuesten Versuche zu verwerfen: und dennoch finden wir ihren allgemeinen Widerspruch gegen den

Gesetzentwurf vollkommen gerechtfertigt, so sehr daß wir selber ihn unbesehens in Bausch und Bogen verwerfen würden, wenn er auch im Einzelnen unsern Ansichten weit mehr entspräche als er es thut. Viel wichtiger als seine einzelnen Bestimmungen sind die Gründe aus denen er gekommen, und die Ziele auf welche er hinaus will. Und diese Gründe und diese Ziele sind solche, daß wir ihnen unbedingte Gegner sind.

Wie kommt man doch dazu, fragen wir uns nemlich unwillkührlich zuerst, an dem Eherecht gegenwärtig zu ändern, wie kommt man doch gerade jetzt dazu? Sind denn die Zeiten so angethan, daß man auf den Ausbau des häuslichen Lebens sein Augenmerk richtet? Ist die Gesetzgebung im Großen so abgeschlossen, liegt den gesetzgebenden Gewalten so wenig Dringliches vor, daß sie Anlaß und Muße haben für Ehegesetze? Es scheint nicht so. Es scheint die europäische Krisis, in der es sich um Sein oder Nichtsein der bestehenden Staaten handelt, so gewaltig, es scheint insbesondere die Lage unsres Vaterlandes so ernst zu sein, daß sie wol ein großes Herz ganz in Anspruch nehmen könnte; und man kann sich der Verwunderung über diejenigen nicht ganz erwehren, die in dieser lebensgefährlichen Lage so ruhigen Gedanken des Friedens nachgehen mögen. Es scheint die Kammern hätten vollauf zu thun, wenn sie den vielen in der Verfassung verbürgten für das Verfassungsleben so unentbehrlichen Gesetzen aus der Verheißung endlich in die Wirklichkeit verhelfen, wenn sie unter andern auf ein Unterrichtsgesetz und Gesetze über die Religionsfreiheit denken wollten, und die Ehescheidungsgesetze möchten sich bis dahin gedulden.

Oder steht es etwa so verzweifelt mit der Ehe in unserm Lande, ist die Sittlichkeit des Hauses so völlig zerrüttet: daß wir in Gefahr stehen mit unserm ganzen öffentlichen Leben zusammenzubrechen, wenn uns nicht augenblickliche Hilfe kommt? Wir sehn den gähnenden Abgrund nicht. Wir können uns auch nicht vorstellen daß den Freunden des Gesetzes unsere ehelichen Zustände in diesem schreckhaften Licht erscheinen; und namentlich das nicht daß sie einem strengeren Scheidungsgesetz die Wunderwirkung zutrauen sollten den tiefen Schaden zu heilen.

Oder sind etwa den Kirchen die freieren Ehegesetze unerträglich geworden, haben sie etwa die Trauungen verweigert, und ihre Anträge auf Aenderung so gebieterisch gestellt, daß der Staat denselben nicht länger ohne Schaden widerstehn konnte? Wir wissen nichts. Die katholische Kirche hat sich ruhig verhalten, sie weiß mit der bestehenden Gesetzgebung schon fertig zu werden. Von der evangelischen Kirche ist uns auch nichts zu Ohren gekommen: es müßten denn die Kirchenbehörden im Stillen ihre dringlichen Anträge gestellt haben. Ein kirchlicher Clubb aus dem Jahre 1848, der sogenannte „deutsche evangelische Kirchentag", der gerne die deutsche evangelische Kirche wäre, und der seit einer Reihe von Jahren im Namen der deutschen evangelischen Kirche die deutschen Kirchen- und Staatsregierungen mit seinem zudringlichen Rath behelligt: der hat im vorigen Jahre ein strengeres Scheidungsgesetz beantragt. Das ist das Ganze, und das hat sehr wenig zu bedeuten; eben nicht mehr als die Stimme von etwa einem Dutzend Berliner werdelustiger theologisirender Politiker und politisirender Theologen, die sich mit einem großen kometenartigen wenn auch nicht gerade leuchtenden Schweife umgeben. Die evangelische Kirche hat sich nichts merken lassen daß ihr das bestehende Scheidungsgesetz unerträglich wäre. Das evangelische Volk ist im Großen und Ganzen einem freieren Eherecht zugethan; und gleicherweise die Mehrzahl der evangelischen Geistlichen, wo nicht die Kirchenbehörden andere Ansichten empfehlen. Mit der Verweigerung der Trauung hat's keine Noth: denn auch diejenigen Geistlichen, die „in Gottes Wort gebunden sind" die meisten Scheidungen zu verwerfen, trauen doch mit wenigen Ausnahmen unbedenklich die Geschiedenen, gleicherweise wie sie „in Gottes Wort gebunden" die Union für eine „Sünde" zu erklären — dennoch es für keine Sünde achten in den besten unirten Kirchenämtern sich niederzulassen. Und wären auch die Forderungen der Kirche dringender als sie es sind, und wäre auch die Handlungsweise der Fordernden ihren Forderungen angemessener als sie es in der Regel ist: es bliebe ja immer der einfache natürliche und noch dazu von der Verfassung gewiesene Ausweg, der jeden Zwiespalt beseitigte — die Civilehe.

Es muß also wol der Grund wo anders gesucht werden und tiefer. Der „Kirchentag" hat im vergangenen Herbst zu Frankfurt beschlossen daß das gottlose Eherecht des Allgemeinen Landrechts müsse ausgerottet werden. Der Gesetzentwurf des Ministeriums beruft sich zwar nicht auf den Kirchentag: aber Stahl holt diese Berufung nach, um die Reform zugleich als Forderung der evangelischen Kirche darzustellen. Und wer es gesehen hat wie durch alle Jahrgänge des Kirchentags dieselben Anträge zunächst in ihm als kirchliche auftreten, die bald darauf in den Preußischen Kammern als politische Entwürfe dastehen wollen: der wird auch diesmal das gleichzeitige Erscheinen an beiden Orten nicht für zufällig halten. Und wenn er den Zusammenhang kennt, wenn er weiß daß er an beiden Orten im Grunde nur dieselben wenigen Männer in einer Doppelstellung vor sich hat: so wird er über den Quellpunkt der Ehereform genügend orientirt sein. Orientirt auch über das System aus dem sie kommt.

Die Unauflöslichkeit der Ehe soll wieder hergestellt werden. Zwar der Gesetzentwurf tritt sehr mäßig auf und will nur einige der hauptsächlichsten Uebelstände beseitigt haben. Indeß er gesteht es doch selber daß er gern weiter gehen möchte, und will darum was er von den landrechtlichen Bestimmungen noch stehen läßt, wenigstens nicht durch neue Verkündigung sanktioniren; und durch seine öffentliche Bestrafung des schuldigen Theiles sowie durch das dreijährige Verbot der Wiederverheirathung greift er auch thatsächlich über sich selbst hinaus, indem er damit in viel weiterem Umfange die Ehescheidungen hindert, als seine eigene Bestimmungen sie verbieten. Nimmt man dazu die Stahlschen Zusatzanträge auf Trennung von Tisch und Bett, sieht man auf die biblischen Begründungen, und hört man wie Stahl und der Cultusminister fast wetteifern in der geflissentlichen Versicherung daß dieser ganze Entwurf ja nur erst ein schwacher anfänglicher Versuch sein solle, ein Schatten von der künftigen Herrlichkeit des Eherechts: so kann über das Ziel nicht wol Zweifel obwalten. Unauflöslichkeit der Ehe — das ist das Ziel. Das heißt für den gemeinen Mann; denn — hohe Herren haben allezeit barmherzige Priester gefunden. Der erste der die Unauflöslichkeit der Ehe zum Gesetz erhoben, Karl der Große hat selber zwei Weiber verstoßen um die dritte zu freien, und der Statthalter Christi hat sein Amen gesprochen. Namentlich unter unsern Priestern und frommen Gesetzgebern wären wir begierig diejenigen kennen zu lernen welche ihre Verbote und insbesondere ihre Ehebruchsstrafen auch gegen fürstliche Personen in Anwendung zu bringen Neigung haben möchten.

Die Ehe soll wieder unter die Autorität der Kirche gethan werden. Der Gesetzentwurf will das freilich nicht Wort haben, er will dogmatische und kirchliche Gesichtspunkte durchaus fern gehalten wissen, und höchstens auf die Grundsätze der bestehenden Kirchen Rücksicht nehmen. Seine Nachweisungen indeß aus „sittlichen" Gründen klingen doch gar sehr kirchlich und biblisch, fast wie die Worte des Kirchentagsreferenten; und in der Discussion der Kammer sind die „göttlichen Gebote" der Schrift doch immer die ultima ratio. Und wenn dann Stahl die Zusatzanträge bringt zu Gunsten der katholischen Kirche, wenn er den Katholiken es nicht verhehlt daß er die Wiederherstellung der besondern bischöflichen Ehegerichte ihnen gönne, wie denn auch der Cultusminister nichts dagegen zu haben scheint; wenn er nachweist daß die Forderungen des echten Protestantismus mit denen der katholischen Kirche so ziemlich zusammenstimmen, und noch dazu der eine von den beiden einzigen reformatorischen Scheidungsgründen auf falscher Schriftauslegung beruhe; wenn er mit Wohlgefallen berichtet aus katholischen Ländern daß es noch Staaten gebe welche „auf die Gebote der Kirche Acht haben"; wenn er auch in Bezug auf die protestantische Kirche die Staatsgesetzgebung erinnert daß sie gut thue sich den kirchlichen Grundsätzen „anzunähern", und diese Erinnerung durch die Aussicht verstärkt daß sich bald kein protestantischer Geistlicher mehr finden werde der eine Trauung den kirchlichen Grundsätzen zuwider vollzöge, und — doch alle Ehen getraut werden sollen —: so ist in der That nicht abzusehn, wie die Meinung eine andere sein könne als Abhängigkeit der Ehe von der kirchlichen Autorität. Autorität der Kirche soll mit dieser Ehereform aufgerichtet werden. Und — „will der Staat die Heiligkeit der Ehe nicht kräftig schirmen im Bewußtsein des Volkes, so darf er auch nicht erwarten daß in diesem Bewußtsein die Heiligkeit der Obrigkeit sich auf die Länge behaupten werde" — sagt der Kirchentagsreferent. Auch für die Autorität der Obrigkeit also eine Stütze. Autorität ist die Gesinnung, ist die Sehnsucht dieses Versuchs.

Es ist das System der kirchlich-politischen Restauration, von dem der Gedanke kommt. Das System welches „göttliche Autorität" aufrichten will in der Welt, als „göttliche Autoritäten" das Priesterthum und das Königthum. Das System welches allen freien volksthümlichen Institutionen des Staatslebens feind ist und feind aller freien protestantischen Bewegung. Das System ist gescheidt genug nicht auf einmal in seiner ganzen Gestalt sichtbar zu werden: es setzt sich ganz unvermerkt in lauter vereinzelten Zügen mit den leisesten Uebergängen und den wohlwollendsten Motiven in die Welt, hier als Ehegesetz dort als Schulregulativ, hier als Bekenntnißverpflichtung dort als altes Gesangbuch, hier als Untergrabung der Union dort als bischöfliche Parole. Das System ist viel gescheidter als der Constitutionalismus in seiner idealen Weise, es greift die Sache bei den realen Mächten des Volkslebens an: es besetzt in äußerster Consequenz alle Aemter nur mit Männern des Systems, und sorgt durch Disciplinarordnungen dafür daß die gesammte Beamtenschaft ihm zu Gebote steht; es greift durch die Umkehr der Volksschulen die moderne Bildung an der Wurzel an und versucht das nachwachsende Geschlecht von Kindesbeinen auf in den Autoritätsschnitt hinein zu zwängen; es unternimmt das ganze Volk auf einmal gleich praktisch ins kirchliche Bekenntniß hineinzubringen, indem es ihm confessionelle Katechismen Gesangbücher und Liturgien ohne viel Redens einfach aufhalset; und so würde es auch mit dem Ehegesetz wieder, wenn es gelingen könnte, dem Volksleben in seinem ganzen Umfange das Autoritätsjoch fühlbar machen. Dieses dem volksthümlichen Staatsleben und dem freien Protestantismus feindselige System will in der beabsichtigten Ehereform wieder so einen stillen aber wirksamen Zug thun. Und darum müssen wir, die wir unbedingte Gegner des Systems sind, das System auch in diesem wichtigen Schritt bestreiten, möchte er auch noch so unverfänglich erscheinen.

Man beruft sich auf die Autorität der Kirche. Die katholische Kirche halte in ihrem kanonischen Recht die Unauflöslichkeit der Ehe fest; die protestantische Kirche kenne in den Reformatoren und in ihren Kirchenordnungen nur zwei Scheidungsgründe, alle Erweiterung derselben sei erst durch den Abfall vom Christenthum im 18. Jahrhundert gekommen: der Staat der ein christlicher sein wolle, müsse sein Gesetz den Grundsätzen der christlichen Kirche anpassen; sonst gerathe er ja überdieß, wenn sie Ernst mache mit ihren Grundsätzen, in Streit mit seinen eigenen christlichen Grundlagen.

In Bezug auf die katholische Kirche ist das richtig: sie lehrt die Unauflöslichkeit der Ehe und hat sie gesetzlich festgestellt. Auch die alten protestantischen Kirchenordnungen halten es so und die alten Kirchenrechtslehrer lehren so wie gesagt wird. Aber wenn Stahl nicht nur sondern gleicherweise der Kirchentagsreferent Müller das ebenso in Bausch und Bogen von den Reformatoren behaupten: so will uns das fast dreist vorkommen. Hat man denn Luther ganz vergessen? oder rechnet man in den Autoritätskreisen diesen fatalen Luther, der freilich die „Continuität des Episkopats durchbrochen“ und der „Autorität“ mehr Schaden gethan als irgend ein anderer Mensch in der Welt, nicht mehr zu den Reformatoren?

Was sagt denn Luther zu den Ehescheidungen? Luther kennt nicht weniger als zehn Ehescheidungsgründe. 1) Wo die Ehe durch Irrthum zu Stande gekommen (Jakob mit Rahel und Lea) [1]. 2) Wo aus Zwang [2]). Welche beiden wol zu den Nichtigkeitsgründen gerechnet zu werden pflegen. 3) Körperliche Untüchtigkeit [3]). 4) Ehe-

---

[1]) Luthers Werke. Leipziger Ausg. Ehes. XXII. 200. [2]) XXII. 456. [3]) XXII. 197.

bruch. 5) Versagung der ehelichen Pflicht. „Als man wohl findet, so ein halsstarriges Weib, das seinen Kopf aufsetzet, und sollte der Mann zehnmal in Unkeuschheit fallen, so fraget sie nichts darnach." Da soll die Scheidung geschehen, begründet auf 1 Cor. 7. („der Mann ist seines Leibes nicht mächtig u. s. w."), da soll der Mann es so ansehen, ob der Tod sie ihm geraubt hätte[4]). 6) Unverträglichkeit (zu 1 Cor. 7). „Solch Scheiden läßt der Apostel gewißlich zu, daß er der Christen Schwachheit durch die Finger siehet, weil sich zwei nicht mögen mit einander betragen"[5]). 7) Gewissensdruck bei verschiedener Religion. „Wo aber der Unchrist nicht leiden wollte daß sein Gemahl ein Christ sei noch christlich zu leben, und wehrete und verfolgete ihn, hie wäre es Zeit sich des Spruches Christi auch löblich zu halten: „„Wer sein Weib oder Kind mehr liebt denn mich, der ist meiner nicht werth."" So gehet das Scheiden an"[6]). 8) Verleitung zum Verbrechen. „Also sollte es auch jetzt zugehn, daß wo ein Mann wollte sein Weib halten oder dingen zu Diebstahl Ehebruch oder irgend ein Unrechts wider Gott fürzunehmen, ist auch hie eben dieselbe Ursach sich zu scheiden, und, wo sie sich nicht versöhnen, Macht des einen sich zu verändern. Daher es denn auch kommt daß der Ehebruch scheidet und sich zu verändern Macht giebt. Denn im A. T. Deuteron. 13, 6—13 geboten ward, daß ein jeglicher sollte seinem Weibe Bruder und besten Freund zum Tode helfen, das ihn leiten und reizen wollte wider Gott zu thun. Aber im N. T., da man nicht leichtlich tödtet, ist genug sich von ihm scheiden und lassen"[7]). 9) Bösliche Verlassung. Diese betrachtet er ganz besonders streng[8]). „Ueber diese Ursachen ist noch eine, wenn ein Gemahl das andere verläßt, als da eins aus lauter Muthwillen vom andern läuft. Denn ein solcher ist noch viel ärger denn ein Heide und Ungläubiger, auch weniger zu leiden denn ein schlechter Ehebrecher, welcher, ob er gleich einmal gefallen ist, kann er sich doch wieder bessern und seine vorige Treu seinem Gemahl leisten"[9]). 10) Unkeuscher Wandel vor der Ehe. „Der mag sich scheiden und eine andre nehmen"[10]). Und das sind bei Luther nicht so zufällige Gedanken, sondern sie beruhen auf einem bestimmten Princip. Er sagt: Christus habe ja allerdings für Christen die Ehescheidung aufgehoben. „Aber denen die Christum nicht hören, denen wäre es noch wol so gut daß Mosis Gesetze ginge, ehe man das leiden müßte daß zwei

[4]) XXII. 202. [5]) X. 326. [6]) X. 327. [7]) X. 327. [8]) Ehes. XXII. 558 und Ausleg. Matth. 5, 32. [9]) IX. 230. [10]) XII. 452.

Eheleute keine gute Stunde bei einander hätten. Aber dabei müßte man ihnen sagen daß sie nimmer Christen wären sondern im heidnischen Regimente; bist du aber Christe, mußt du nicht scheiden. — — Wo aber nicht Christen oder unschlachtige falsche Christen sind, da wäre noch heutigen Tages gut, sich nach diesem Gesetz zu halten, und sie lassen wie die Heiden sich von ihren Weibern scheiden und andere nehmen, auf daß sie nicht mit ihrem uneinigen Leben zwo Höllen hätten, beides hie und dorten" [11]). — „Daß sie aber fragen warum Moses solch Scheiden zugelassen habe, antworten wir, um eurer harten Köpfe willen hat er es erlaubt. Nicht daß es fein oder wohlgethan sei, sondern daß ihr so böse und unschlachtige Leute seid, daß besser ist solches zuzulassen, denn daß ihr sollt ärgeres thun, Jammer und Mord anrichten, oder im stetigen ewigen Haß Unfrieden und Feindschaft mit einander leben. Wie denn auch wol noch zu rathen wäre (wenn weltliche Obrigkeit solches wollte ordnen) um etlicher seltsamen eigensinnigen störrigen Köpfe willen, die nichts überall leiden können und gar nichts zum ehelichen Leben dienen, man ließe sie sich scheiden. Denn man kann doch nicht anders regieren um der Leute Bosheit willen, man muß oft etwas nachlassen, ob es gleich nicht wohlgethan, daß nicht ein Aergeres geschehe" [12]). — Ferner sagt er [13]): daß bei den Juden das Scheiden Privatsache war. „Wie aber jetzt bei uns in Ehesachen und mit dem Scheiden zu handeln sei, habe ich gesagt daß mans den Juristen soll befehlen, und unter das weltliche Regiment geworfen. Darum was darinnen die Oberkeit und weise Leute nach dem Rechte und Vernunft schließen und ordnen, dabei soll man's lassen bleiben." — Ebendaselbst sagt er (zu Matth. 5, 32.) „Denn auch Christus hie nichts setzet noch ordnet als ein Jurist oder Regente in äußerlichen Sachen, sondern allein als ein Prediger die Gewissen unterrichtet, daß man das Gesetz vom Scheiden recht brauche, nicht zur Büberei und eigenem Muthwillen wider Gottes Gebot." — Luthers Meinung über Ehescheidung ist also wol ziemlich klar die. 1) Christus will kein Staatsgesetz für Ehescheidung aufstellen sondern ein Gesetz für die Gewissen. 2) Diesem Gewissensgesetz sollen rechte Christen folgen, und also bei einander bleiben und sich nicht scheiden. 3) Wer aber nicht Christum hören will oder ein schlechter oder schwacher Christ ist: für den soll Mosis Gesetz in Anwendung kommen, der mag sich scheiden, damit

---

[11]) Erkl. des 1 Buchs Mose I. 117. [12]) IX. 229. [13]) Matth. 5, 321. X. 229.

nicht Aergeres geschehe. 4) Solche sich Scheidende sollen aber nicht als rechte Christen angesehen werden. (Also die Wurzel für die Civilehe). 5) Die Ehescheidungssachen gehören vor die bürgerliche Obrigkeit, diese soll darin mit ihren Juristen nach Art des Mosaischen Gesetzes billige vernünftige Anordnungen treffen. 6) Luther selber erkennt für solche Fälle zehn verschiedene Scheidungsgründe an, — die hauptsächlichsten von denen welche später das Allg. L.=R. aufgestellt hat. — Auch wollen wir den neuen Gesetzgebern zu Nutz und Frommen noch einiges auf ihre Entwürfe Bezügliche hinzufügen. Ueber die Scheidung von Tisch und Bett, um doch die Ehe aufrecht zu halten, sagt Luther daß das „eine geträumte oder gemalte Ehe" sei[14]). Auch über das dreijährige Wiederverheirathungsverbot spricht er sein Urtheil, wenn er sagt — „Laster und Sünde soll man strafen, aber mit anderer Strafe, nicht mit Eheverbieten. Darum hindert kein Laster oder Sünde die Ehe. David brach die Ehe mit Bathseba Urias Weibe, und ließ dazu ihren Mann tödten, daß er alle beide Laster verwirkt; noch gab er dem Papst kein Geld, und nahm sie zur Ehe und zeugte den König Salomo mit ihr." Und zu diesem Wort wird auch wol passen, was er vom Keuschheitsgelübde sagt — „Hier rathe ich, wenn du weislich geloben willst, so gelobe die Nase dir selbst nicht abzubeißen, so kannst du halten.[15]) — Endlich auch über den Begriff der Ehe mögen sie seine Meinung vernehmen. Wo er nemlich von den päpstlichen Ehehindernissen handelt, und den Satz bestreitet daß man mit Ungläubigen d. h. mit Türken Juden und Ketzern keine Ehe schließen dürfe: da sagt er weiter — „Darum wisse daß die Ehe äußerlich leiblich Ding ist wie andre weltliche Handthierung. Wie ich nun mag mit einem Heiden Juden Türken Ketzer essen trinken schlafen gehen reiten kaufen reden und handeln: also mag ich auch mit ihm ehelich werden und bleiben. Und kehre dich an der Narren Gesetze, die solches verbieten, nichts. Man findet wol Christen die ärger sind im Unglauben inwendig, und der das mehrere Theil, denn kein Jude Heide Türke oder Ketzer. Ein Heide ist ebensowol ein Mann und Weib von Gott wol und gut geschaffen als Sct. Peter und Sct. Paul und Sct. Lucas, schweige denn als ein solcher falscher Christ." —

So mögen denn die frommen Männer die sich auf die Autorität der Reformatoren stützen, selber zusehn wie sie mit Luther fertig werden. Uns soll das wenig kümmern. Uns ist weder Luther und

---

[14]) XII. 452. [15]) XXII. 198.

Calvin, noch lutherische und calvinische Bekenntnisse und Kirchenordnungen der Protestantismus. Uns ist der Protestantismus ein weltgeschichtliches Princip, das in Luther und Calvin seine ersten bedeutenden Vertreter hatte, das aber in seinem Wesen hat sich stets lebendig zu entwickeln, und über seine ersten Vertreter hinaus zu entwickeln, das, nachdem es in den Kirchenordnungen und Bekenntnissen ein wenig eingefroren war, dann das 18. und 19. Jahrhundert als höhere Gestaltung aus sich erzeugte. Uns hat der Protestantismus nicht bloß ein 16. und 17. sondern auch ein 18. und 19. Jahrhundert: und die Weltgeschichte wird wol, das hoffen wir wirklich, ihr 18. und 19. Jahrhundert gegen Stahl aufrecht zu halten wissen, sollte er sich auch noch Herrn Stiehl mit seinen Regulativen zu Hülfe rufen; und der Protestantismus wird sich wol zu den Entwickelungen dieser Jahrhunderte als den seinigen bekennen, sollten auch Stahl und Stiehl beschließen daß da nichts als Revolution und Communismus und Abfall vom Christenthum zu finden sei. Und zu diesen Entwickelungen des Protestantismus aus seinem Wesen gehört vor allen Dingen, wie sie schon in den Reformatoren auftrat, die Trennung der beiden Schwerter, die Scheidung der bürgerlichen und kirchlichen Gewalt, die Befreiung des Staatswesens von der Autorität der Kirche. Und dieser weltgeschichtliche Zug des Protestantismus ist so mächtig, daß nicht nur unter den Protestanten sondern auch fast durch das ganze Gebiet des Katholizismus die Unabhängigkeit des Staatswesens von der Kirchenautorität sich vollzogen hat, und Stahl und Stiehl werden den Lauf nicht aufhalten. Und zu dieser Unabhängigkeit des Staatswesens gehört auch die Unabhängigkeit des bürgerlichen Eherechts von den Satzungen der Kirche und die Gestaltung desselben aus der Rechts-Natur der bürgerlichen Gesellschaft; und auch dieser Zug ist so mächtig, daß sich selbst in den katholischen Ländern fast überall neben dem kirchlichen ein bürgerliches Eherecht gebildet hat, und — Stahl und Stiehl werden es wol nicht rückgängig machen. — Mit dem Protestantismus also werden sich die Grundsätze der Ehereform nicht so leicht in Einklang bringen lassen, wenn auch Luther nicht so unüberwindlich unbequem wäre wie er es ist. Mit dem Katholizismus wol.

Man geht indeß höher mit seiner Berufung, man appellirt an Christum, man appellirt an ein „göttliches Gebot.“ „Die Ordnung der Ehe hat ihre Gebote von Gott, unmittelbar und unbedingt. Sie sind von der Schöpfung her von dem Urzustande der am Anbeginn der irdischen Geschichte liegt, und werden unverrückt fortdauern bis ans Ende der irdischen Geschichte. Darum steht die Ordnung der Ehe nicht wie andere Einrichtungen unter menschlicher Convenienz, nicht unter den Zweckmäßigkeitsrücksichten des menschlichen Gesetzgebers." Die christliche Offenbarung hat dann die Ehe noch besonders geheiligt, und diese christliche Heiligung der Ehe „ist deshalb eine Norm nicht bloß für die Gewissen der Gatten, sondern auch für die Ordnung der Kirche und für die Gesetze des Staates. Vor ihrer Enthüllung gilt auch nicht mehr jene Entschuldigung aus der Herzenshärtigkeit, daß die Menschen nicht im Stande wären solches zu ertragen, die Christus der laxen mosaischen Ehegesetzgebung angedeihen ließ. Sie richtet die Ehe nach ihrer ganzen Lauterkeit und Vollendung, nach ihrer idealsten Höhe in der Lebensordnung der Völker auf." Allerdings werden bei strengerem Eherecht viele unglückliche Ehen nicht geschieden werden können. „Es ist aber auch nicht der Beruf und das Recht der Gesetzgebung eine Assekuranz gegen unglückliche Ehen zu geben durch die Gewähr ihrer Scheidung; es ist der Gesetzgebung nicht gestattet menschlich zu sein gegen das Gesetz Gottes." So argumentirt Stahl in der ersten Kammer, und ähnlich seine Genossen.

Also Christus verbietet die Ehescheidung außer in dem einen Fall, und Christi Gebote sind göttliche Gebote, die auch von der Staatsgesetzgebung befolgt werden müssen. Ist das ernst gemeint? Nun so stehet dicht neben diesem Wort Christi in derselben Bergrede das andere Wort (Matth. 5, 28) — „Wer ein Weib ansiehet ihrer zu begehren, der hat schon mit ihr die Ehe gebrochen": warum beantragen nicht Stahl und Genossen daß mit den Strafen des Ehebruchs jeder bestraft werde der sich einen lüsternen Blick zu Schulden kommen läßt? Es stehet dicht dahinter das andere Gebot (5, 34) — „ihr sollt allewege nicht schwören, Eure Rede sei Ja Ja Nein Nein": warum beantragen nicht Stahl und Genossen die Abschaffung aller Eide und die Bestrafung jedes Schwörenden? Es folget in derselben Rede — „Liebet eure Feinde, segnet die euch fluchen": warum schreiben sie nicht auch das in die Gesetzbücher, und legen dreijähriges Schweigen auf, wer es nicht thut? „Seid vollkommen wie euer Vater im Himmel vollkommen ist": warum nicht das ins Gesetzbuch, und dreijähriges Gefängniß dem der nicht vollkommen ist? Wir sollten meinen, wer das eine will, muß auch das andere wollen. Oder darf man etwa eine Auswahl treffen unter den göttlichen Geboten, daß man die einen befolge die anderen nicht? Und sind vielleicht Stahl und Genossen das Tribunal von dem wir zu erfahren haben, welche von den göttlichen Geboten verbindlich seien und welche nicht?

Handelt es sich aber auch nur um das **eine** göttliche Gebot, und hat dasselbe auch für die Staatsgesetzgebung Verbindlichkeit: nun warum folgen sie demselben nicht, warum gestatten sie dennoch Ausnahmen? Ein göttliches Gebot läßt mit sich nicht markten noch handeln, einem göttlichen Gebot soll man nichts zuthun noch abthun, ein göttliches Gebot nimmt nicht halbe Erfüllung auf Abschlag, es fordert ganze „unbedingte" Erfüllung. Waren Stahl und Genossen wirklich überzeugt, daß in Christi Wort ein göttliches Gebot vorliege das auch für das Staatsgesetz gelte: so müßten sie einen Gesetzentwurf einbringen, der einfach und streng die Bestimmungen dieses göttlichen Gebotes enthält, der alle und jede Ehescheidung verbietet außer etwa in dem einen Falle; sie müßten einen solchen einbringen, und wenn nicht eine einzige Stimme dafür gewesen wäre, und wenn sie ihn zwanzigmal wiederholen müßten ehe er durchginge; sie müßten ihn einbringen, und wenn die Kammern und das ganze Land darüber sich auf den Kopf stellten und sie von wegen des Antrags zum Lande hinausjagten oder spießten. So folgt man göttlichen Geboten. Wenn sie aber jene Forderungen für göttliche Gebote erklären, die befolgt werden müssen, und dennoch um der Zeitstimmungen und Verhältnisse willen allerlei Ausnahmen gestatten: so wird ihnen niemand glauben, daß es ihnen mit den „göttlichen Geboten" ein voller Ernst sei; man wird ihnen glauben daß es ihnen um „Autorität" zu thun sei, nur nicht um die Autorität der „Gebote Gottes."

Damit aber daß sie überhaupt in Christi Worten Vorschriften für die Staatsgesetzgebung suchen: damit beweisen Stahl und Genossen daß sie noch nicht das A B C des Christenthums verstanden haben, sondern noch bis über die Ohren im Judenthum stecken. Hätten sie, die ja immer mit den Reformatoren in Einklang erfunden werden wollen, und sich stets auf dieselben berufen so oft es ihnen paßt, doch auch hier vor allem auf Luther gehört: so würden sie wenigstens diese Anfangsgründe wissen. Christus „setzet hier nichts als ein **Jurist** oder **Regent**", sondern macht Gesetze für die „**Gewissen**" — das ist Luthers Grundanschauung von der Sache, und das ist die richtige evangelische. Christi Reich ist nicht von dieser Welt; und wie er es sich verbat ein Schlichter von Erbstreitigkeiten sein zu sollen: so ist ihm auch nicht in den Sinn gekommen für die Staatsgesetzgebung Vorschriften aufzustellen. Sein Reich ist das Reich Gottes in den Herzen der Menschen: und seine Gebote, wie er sie in der Bergrede aufstellt, sind die Gesetze des Reiches Gottes für die Gesinnungen, die ewigen sittlichen Ideen an denen und zu denen die Gesinnungen sich entwickeln sollen.

Aber wenn man auch von Kirche und Bibel absehen wollte, sagen sie: ist es nicht eben die sittliche Idee der Ehe welche ihre willkührliche Auflösung verbietet? Sind es denn nicht die häufigen Ehescheidungen welche die Sittlichkeit der Familien und damit die Sittlichkeit des ganzen Volkslebens untergraben? Hat nicht die laxe Ehegesetzgebung des Allg. L.=R. eine allgemeine Entsittlichung in ihrem Gefolge gehabt? Fordert nicht die sittliche Idee der Ehe, daß die Gatten Leid und Ungemach mit einander tragen, und am wenigsten gerade dann einander verlassen, wenn der eine Theil durch schweres Leid und Gebrechen des andern am meisten bedarf? Daß sie bei ihren Sünden und Vergehungen Geduld mit einander haben und einander bessern, daß sie bei vorkommendem Zwiespalt auf Versöhnung denken, nicht aber von einander laufen? Wird also nicht, ganz abgesehen von Bibel und Kirche, allein durch die Sittlichkeit schon der Staat genöthigt den Ehescheidungen zu wehren?

Es ist ja wahr, Eheleute sollen nicht von einander laufen, sondern versöhnlich mit einander sein und einer den andern tragen: das ist eine sittliche Forderung der Ehe. Aber wenn sie nun nicht versöhnlich sind, und wenn sie nun nicht Geduld mit einander haben: werden sie diese fehlenden Tugenden empfangen, wenn ihr ihnen befehlet, wenn ihr sie zwinget sie zu haben? Wir haben nie gehört daß sittliche Geister auf Befehl erschienen sind. Es ist wahr, die sittliche Idee der Ehe fordert geradezu ihre Unauflöslichkeit, das ist im vollen Ernst unsere Meinung. Aber wo nun die Ehe in Wirklichkeit sittlich und leiblich zerrissen ist, oder wo sie im sittlichen Sinne noch niemals eine Ehe war: wird sie dadurch irgend weniger zerrissen, wird sie dadurch irgendwie mehr eine Ehe, wenn ihr sie durch äußerlichen Zwang zusammenhaltet? Hat jemals zwangsweise Zusammenkettung den fehlenden Geist der Ehe geschaffen? Wir haben nie davon gehört; wol aber daß der Zwang den Widerwillen und die Zerrissenheit bis ins Unerträgliche steigert, daß der Zwang zu dem Geist der Unverträglichkeit noch den finstern Geist des grollenden Hasses gegen die zwingende Institution mit vielen andern bösen Geistern herzuführt, und daß von der innern Auflösung solcher Mißehen und Unehen durch zwangsweises Zusammenhalten ein pestartiges Verderben auszugehen pflegt über das sittliche Leben des ganzen Umkreises. Und ist es denn wahr, was Stahl behauptet, daß von den Ehescheidungen ein großes sittliches Verderben ausgehe, daß die freiere Ehegesetzgebung des Allg. L.-R. eine allgemeine „Demoralisation in ihrem Gefolge gehabt" habe? Das allerdings ist richtig, daß mehr Ehescheidungen vorkommen, wo das Gesetz sie freigiebt, als wo sie verboten sind, und das ist aus statistischen Tabellen leicht nachzuweisen. Wenn aber das ein Beweis sein soll für die Zunahme der Unsittlichkeit: so ist das eben ein Beweis, den jeder gesunde Verstand einen Zirkel nennt. Das zu beweisende wird dabei einfach vorausgesetzt: daß nemlich eine Ehescheidung an sich schlechthin unsittlich sei, unsittlicher als die ruchloseste ehebrecherische auf ganze Kreise vernichtend wirkende Ehe. Daß aber wirklich die Sittlichkeit des Familienlebens und Volkslebens bei der Leichtigkeit und Häufigkeit der Ehescheidungen abgenommen habe, dafür ist er den Beweis schuldig geblieben. Und wer vermöchte den Beweis zu führen im Angesicht der Wirklichkeit? Wer mag die Stirne haben zu behaupten, daß es mit der Sittlichkeit des Familienlebens schlimmer bestellt sei da wo das Allg. L.-R. gilt, als unter der Herrschaft des kanonischen Rechts? Wer wagt zu behaupten daß bei uns in Berlin und im Preußischen Lande die Sittlichkeit des Familienlebens geringer sei als in Frankreich und in Spanien und zu den Füßen Sr. Heiligkeit des Papstes? Wer weiß nicht daß gerade in unsern süddeutschen Hauptstädten München und Wien die Familienbande fast gänzlich zerrüttet sind, daß die unehelichen Geburten die ehelichen dort fast übersteigen? Wer hat nicht gelesen daß es in Baiern — und übrigens auch im gesegneten Mecklenburg, wo zu dem strengeren Eherecht überdieß noch die Großmacht echten „lutherischen Kirchenthums" kommt — Dörfer giebt wo jungfräuliche Heirathen und eheliche Geburten fast gänzlich aufgehört haben? Weiß das allein Stahl nicht? das Mitglied des „Central-Ausschusses für innere Mission?" So mag er von seinem Genossen im Centralausschuß Dr. Wichern aus dessen Denkschriften, welche derselbe im Auftrage des Central-Ausschusses verfaßt hat, sich belehren lassen. Alle anderen Menschen wissen das. Man braucht nur ein Auge aufzuthun, um zu wissen daß es unter dem strengeren Eherecht mit der Familiensittlichkeit mindestens nicht besser bestellt ist als unter dem freieren, im Allgemeinen wol noch etwas schlechter. Auch ist es geschichtliche Thatsache daß die leichtfertige Betrachtungsweise der Familienverhältnisse welche im Anfang dieses Jahrhunderts auch bei uns herrschte, unabhängig von dem Allg. L.-R. ja schon vor demselben aus dem materialistischen Zuge des Jahrhunderts durch französisches Vorbild über Deutschland gekommen ist; und ebenso geschichtliche Thatsache, die ja auch Stahl eingesteht, daß während der letzten vierzig Jahre — also während der Herrschaft des Allg. L.-R. — eine ernstere Auffassung und größere Heilighaltung der Ehe unverkennbar in den gebildeten Ständen namentlich sich wieder geltend macht. Wie also Scheidungsverbote nicht die sittliche Gesinnung in der Ehe erzeugen können: so wirkt auch die Freilassung der Scheidung nicht die Unsittlichkeit. Zu strenges oder zu laxes Eherecht mögen wol beitragen zur Aeußerung und Ausbreitung vorhandener unsittlicher Gesinnung: im Großen und Ganzen aber hat die Sittlichkeit oder Unsittlichkeit des Familienlebens ihre Wurzeln viel tiefer als in irgend welchem Eherecht, sie liegen überhaupt über die Sphäre des Gesetzes hinaus.

Es ist wahr die sittliche Idee macht ganz andere Anforderungen an die Ehe und unvergleichlich höhere als die Bestimmungen des Allgem. Landrechts. Aber die sittliche Idee fordert auch daß Freunde ihre Freundschaft halten, daß Brüder einträchtig bei einander wohnen: warum schreibt ihr das nicht vor durch Gesetze, und nöthiget die Uebertreter zwangsweise? Wenn ihr das aber nicht thut, wenn überhaupt keinem Menschen einfällt alle sittlichen Gebote zu Staatsgesetzen machen zu wollen: so muß es auch wol für die Ehe etwas anderes sein als die sittliche Idee, was Grund und Maßstab giebt für staatsgesetzliche Bestimmungen. Das ist ja eben das ABC des Christenthums: daß Gesetz und Evangelium zweierlei Ding ist; oder auf germanisch ausgedrückt, daß das Staatsgesetz mit der sittlichen Idee nichts zu schaffen hat.

Also die Gründe welche die Ehereform stützen sollen, wollen nicht Stich halten. Der Protestantismus, die göttlichen Gebote, die sittliche Idee wollen sich nicht dazu hergeben eine Restauration des Eherechts zu befürworten. Ja diese Gründe stellen ihre eignen Urheber gründlich ins Bloße. Denn diejenigen welche die Autorität der Kirche die göttlichen Gebote Christi und die sittliche Idee als unwandelbare Norm für die Staatsgesetzgebung aufstellen, folgen doch selber dieser Norm in keiner Weise: und beweisen sich damit als solche die was sie als unbedingte göttliche Gebote aufstellen, entweder selber nicht glauben, oder wenn sie es glauben doch nicht zu befolgen gesonnen sind. Solche haben keinen Beruf aus Gottes Wort die Welt zu reformiren. Wenn sie das wollen: sollen sie sich zuvor beweisen als solche die mit dem Gewissen in der Wahrheit gebunden sind, die die Wahrheit unbedingt wollen, und nichts als die Wahrheit.

Diese halben Vorschläge also mit *diesen* Gründen bezeichnen gar keinen bestimmten Standpunkt. Wer es mit den bezeichneten

Gründen mit der Autorität der Kirche mit der gesetzlichen Verbindlichkeit der Aussprüche Christi und der sittlichen Idee ernst nimmt: der muß die Unauflöslichkeit der Ehe gesetzlich feststellen, oder doch höchstens die Scheidung um Ehebruchs willen gestatten. Das aber wäre nur die Wiederherstellung der alten Verirrung, welche die Verwirrung von Staat und Kirche die Vermischung von Gesetz und Evangelium erzeugt hatte, und über welche der Protestantismus eben die Welt hinaus entwickelt. Vom Protestantismus aus sowie überhaupt von einer lebendigen Auffassung des Christenthums aus stellt sich die Sache ganz anders. Da müssen folgende Gesichtspunkte maßgebend sein, die wir noch kurz andeuten wollen.

1. Zur sittlichen Idee der Ehe gehört ihre Unauflöslichkeit. Eine rechte gute Ehe soll weder durch Leid noch durch Versündigung sich zerreißen lassen, sondern umgekehrt Leid und Versündigung durch innige Gemeinschaft überwinden.

Auch fleischliches Vergehen soll und darf sie nicht zerreißen. Dürfte dies Grund zur Trennung sein: so dürften es ebenso viele andere Vergehungen. Denn es ist unzweifelhaft daß durch viele andere Vergehungen das Wesen der Ehe ebenso gründlich vernichtet werden kann als durch sinnliche Untreue: und wiederum kann diese Untreue eine augenblickliche Schwäche sein, die gar nicht nothwendig eine Vernichtung des ehelichen Bandes in sich schließt, sondern durch Reue zur Versöhnung führt.

Christus lehrt die Unauflöslichkeit der Ehe. Es ist nicht anzunehmen daß er auch nur die eine Ausnahme gemacht und die Scheidung um Ehebruchs willen gestattet habe. Aus dem Gesichtspunkt der sittlichen Idee, von welchem er redet, und der andere Störungen des Bandes dieser durchaus gleichstellt. Und er fügt diese Ausnahme nur im Matthäus hinzu, nicht aber in den Parallelstellen des Lucas Marcus und Paulus: und es läßt sich nicht erklären, wie wenn er die Ausnahme ausdrücklich genannt hätte, diese einfach die Unauflöslichkeit ohne jede Ausnahme als sein Gebot hinstellen konnten.

2. Die Unauflöslichkeit der Ehe ist eine innerliche der Gesinnung, nicht eine äußerliche Verbindung.

Die unlösliche Einheit der Herzen und der feste Wille in dieser Einheit zu beharren ist das sittliche Band der Ehe, welches die sittliche Aufgabe welches Christus mit seinen Aussprüchen meint. Wo diese Herzens- und Willenseinheit bei der Eheschließung noch nicht gegeben ist: da ist im sittlichen Sinne von einer Ehe noch gar nicht zu reden, da kann auch von Unauflöslichkeit dessen was noch gar nicht geeinigt ist, nicht die Rede sein. Wo diese Willens- und Herzenseinheit nicht mehr gegeben sondern vernichtet ist: da kann von Unauflöslichkeit nicht mehr die Rede sein; denn was die Ehe wesentlich zur Ehe macht, ist thatsächlich aufgelöst, und keine Macht der Welt kann einer solchen thatsächlich aufgelösten den Charakter der Unauflöslichkeit geben, möchte sie gleich die Eheleute mit eisernen Ketten zusammenschmieden.

3. Die Unauflöslichkeit der Ehe ist ihr sittliches Ziel, nicht ihr Anfang.

Alle sittlichen Ideen sind Ziele aus welchen und auf welche die sittlichen Gesinnungen sich zu entwickeln haben, und durch die sittlichen Gesinnungen die sittlichen Verhältnisse. Die Verwirklichung des Zieles in den Anfang verlegen wollen, heißt die sittliche Entwicklung auf den Kopf stellen, und verdirbt dieselbe.

Wie wenig Christus die Unauflöslichkeit der Ehe von dieser Allmähligkeit hat ausnehmen und als unmittelbar zu verwirklichen hat hinstellen wollen, ist wol deutlich genug dadurch daß er sie in demselben Zusammenhang aufstellt mit den Forderungen der Leidenschaft- und Begierdelosigkeit der Feindesliebe und der Vollkommenheit, von denen wol niemand jenes aussagen wird.

Vor dem Ziel der Unauflöslichkeit der Ehe giebt es mancherlei untergeordnete Stufen, die eine verschiedene sittliche Beurtheilung und eine verschiedene sittliche Behandlung erfordern.

Unter mancherlei sittlichen Verhältnissen kann es viel sittlicher sein das Eheband äußerlich zu lösen, als es zusammenzuhalten; kann die Lösung geradezu im Interesse der Sittlichkeit geboten sein, indem der Fortbestand jede sittliche Weiterentwicklung hemmen würde. Namentlich wo das innere Band der Ehe auf eine gründliche und dauernde Weise zerstört ist, wird es in den meisten Fällen sittliche Pflicht auch äußerlich das Band zu lösen.

4. Die sittliche Entwicklung der ehelichen Verhältnisse ihrem Ziele entgegen liegt lediglich in dem Fortschritte sittlicher Gesinnung, und sittliche Gesinnung kann durch nichts anders erzeugt und gefördert werden als durch sittliche Gesinnung.

Aeußerliches Zusammenhalten oder Lösen der Ehen bezeichnet weder höheren noch geringeren sittlichen Zustand der ehelichen Verhältnisse. Das Maß des sittlichen Fortschritts ist der Fortschritt in der Einheit ehelicher Gesinnung.

Alle sittliche Gesinnung wird an gegebener sittlicher Gesinnung entzündet. Alle Sittlichkeit ist in ihrem Wesen Liebe, und alle Liebe wird geboren aus der Liebe, und nimmt ihre Nahrung aus dem weltgeschichtlichen Prozeß erlösender Liebeskräfte welche aus dem Herzen Gottes entspringen und in Jesu ihren Mittelpunkt haben. In dem Maße als Liebeskräfte von Personen und Gemeinschaften ausgehen, setzt sich die Sittlichkeit fort. Aus anderen Quellen und durch andere Mittel ist nun einmal sittliche Gesinnung nicht zu erzeugen. Am allerwenigsten durch Zwang. Das Zwangsgebot mit seiner Strafdrohung hat lediglich die vorsittlichen Grundlagen aufrechtzuhalten auf denen die menschliche Gesellschaft ruht; es hat die Mauern zu ziehen innerhalb welcher die mannigfaltigen Gebilde der Sittlichkeit sich entwickeln müssen. Das Zwangsgebot mit seiner Strafdrohung hat weder Beruf noch Fähigkeit selber irgendwelches sittliche Leben zu wirken; und wo es dennoch dessen sich unterfängt, da muß es allezeit erfahren daß es mit seiner plumpen eisernen Hand die zarten Gebilde der Sittlichkeit zerdrückt. Liebe kann nun einmal aus dem Gesetz nicht kommen.

Hieraus folgen die Grundsätze für Staat und Kirche in Ehesachen.

5. Die Kirche kommt in doppelter Weise mit der Ehe in Berührung, als religiöse Gemeinschaft und von Seiten der Kirchenordnung.

Als religiöse Gemeinschaft muß sie sich vor allem berufen wissen durch Erregung der Frömmigkeit rechte sittliche Gesinnung in allen ihren Gliedern zu erzeugen, rechte sittliche Gesinnung auch in Betreff der Ehe. Sie muß das von Christo ausgesprochene im Wesen der Ehe begründete Ziel der Ehe vor Augen haben und den ihrigen einprägen. Aber in demselben Maße als sie sich dieses ihres sittlichen Berufs bewußt ist: muß und wird sie sich auch bewußt sein daß sie diesem Ziele ganz allein durch die sittlichen Mittel nachstreben darf, durch Kraft der Gesinnung und der Erkenntniß, durch Lehre Vorbild Liebe.

Als Kirchenordnung hat sie, solange und wo kirchliche Einsegnung der Ehe besteht, Bestimmungen zu treffen unter welchen Bedingungen die Trauung zu vollziehen sei oder auch zu verweigern. Als Kirchenordnung hat sie auch festzustellen, unter welchen Umständen eheliche Verhältnisse ihrer Glieder Gegenstand oder Anlaß werden können zur Zucht. In beider Hinsicht verkehrt sie ihre Aufgabe, wenn sie die Worte Christi im gesetzlichen Sinne als absolute unmittelbar zu verwirklichende Gebote faßt, und danach ein rigoröses Schema aufstellt: in beider Beziehung muß sie vielmehr, vom Gesichtspunkt der Allmähligkeit der Entwicklung, die mannigfaltigsten auch untergeordneten sittlichen Verhältnisse in sich dulden, solange nur noch in den betreffenden Gliedern irgend etwas von dem Glaubensgeist des Gemeinwesens vorhanden ist. Was hier nicht weiter auszuführen.

6. Der Staat hat seine Ehegesetzgebung ganz ausschließlich aus dem Gesichtspunkt des Rechtes zu ordnen.

Der Staat ist die Rechtsordnung eines Volkes welche sich mit Zwangsgebot und Strafdrohung ins Werk setzt und durchsetzt. Der Staat hat nach der Natur des Zwanges und der Strafe lediglich die Grundmauern aufzuführen und das Schwert der Gerechtigkeit davorzustellen, um die Pflanzungen welche aus höherem Samen erwachsen, vor den Einbrüchen der Leidenschaft zu schützen. Zu sorgen hat er durch starken Arm, daß Sittlichkeit möglich werde, zu schützen hat er die sittlichen Gestaltungen, nicht aber sie zu erzeugen. Wächter, Kriegsmann ist er, nicht Gärtner. Der Staat hat nach der sittlichen Idee der Ehe gar nichts zu fragen, ja er hat mit ihrer Sittlichkeit gar nichts zu schaffen; er muß die Förderung derselben gänzlich den Mächten der Gesinnung der frommen Gemeinschaft und der öffentlichen Sitte überlassen: er seinerseits hat es lediglich mit ihrem Recht mit der Ehe als einem Rechtsverhältniß zu thun. Die Rechtsgrundlagen hat er wie überall so auch für die Ehe festzustellen und zu schützen: Person Leben Gesundheit Eigenthum Unterhalt Ehre hat er mit strenger Hand zu schützen, zu schützen für alle Betheiligten für die Ehegatten für die Kinder für Zugehörige für das Gemeinwesen. Wenn er diese seine Aufgabe mit Ernst erfüllt, und nicht in andere Gebiete eingreift: dann wirkt er unmittelbar auch für die Sittlichkeit soviel als überhaupt seine Natur zuläßt, indem er dann auch für die Ehe die festen Schranken setzt und erhält, innerhalb welcher sittliches Leben sich zu entwickeln die Möglichkeit gewinnt.

7. Der Staat hat in seiner Ehegesetzgebung auch nichts zu fragen nach den Anschauungen der Kirche von der Ehe noch nach ihren betreffenden Bestimmungen. Beide entwickeln sich unabhängig von einander, jedes aus seinem Wesen: die Kirche als Glaubensgemeinschaft, der Staat als Rechtsgemeinschaft. Die Kirche hat auch ihre Eheordnung zu gestalten aus dem Wesen und aus Rücksichten ihres Glaubens; der Staat hat seine Ehegesetze zu gestalten ganz allein aus dem Wesen und nach Rücksichten des Rechts.

Treffen beiderlei Bestimmungen nicht zusammen oder gerathen in Conflikt mit einander: so ist der einzige ehrliche Ausweg die Civilehe. Der Staat hat dafür zu sorgen, daß jedem seiner Bürger der die rechtlichen Bedingungen erfüllt, ganz unabhängig von seiner Stellung zur Kirche die Eingehung der Ehe in unverkürzter Weise möglich sei: sei es daß er die bürgerliche Schließung der Ehe allgemein als Bedingung vorschreibt, und die kirchliche Weihe ganz den betreffenden Gemeinschaften und Personen überläßt; sei es daß er den Trauungen der anerkannten Kirchengemeinschaften auch bürgerliche Wirkungen zuerkennt, und nur wo diese nicht stattfinden die bürgerliche Schließung fordert. Jeder andere Ausweg beeinträchtigt entweder die Selbständigkeit des Staates, und unterwirft seine Gesetzgebung der Autorität der Kirche d. h. doch immer nur einer Kirchengemeinschaft; oder würdigt die Kirche herab zu einem charakterlosen und ehrlosen Werkzeug des Staates; oder tyrannisirt Glauben und Gewissen der Staatsbürger.

8. Auch für die Ehescheidung hat der Staat seine Bestimmungen zu machen lediglich aus dem Gesichtspunkte des Rechtes.

Wo die Ehe in ihren leiblichen oder rechtlichen oder sittlichen Grundlagen gründlich zerstört ist: da hat der Staat an seinem Theile gar keinen Anlaß dieselbe äußerlich aufrecht zu halten. Er hat nur dafür zu sorgen daß auch bei der Trennung der Ehe die Rechte der betreffenden allseitig gewahrt werden. Er hat, da die Ehe mit allen Verhältnissen eng zusammenhängt und es daher bei Ehescheidungen fast nie ohne Beeinträchtigung irgendwelcher Rechte abgeht: seine desfallsigen Bestimmungen so zu treffen, daß nicht augenblickliche Laune und Willkür oder vorübergehende Störungen dies grundlegende Rechtsverhältniß aufzuheben vermögen: daß vielmehr der Aufhebung desselben die klare Ueberzeugung von einer dauernden Zerstörung seiner Grundlagen vorangehen muß.

Wo leibliche oder geistige Mißhandlungen, Haß und Feindschaft, Angriffe auf Leben und Gesundheit und Ehre, Hinderung religiösen und sittlichen Lebens, Verlassung oder Unterhaltsentziehung, unzüchtiger Wandel oder Trunkenheit oder Verbrechen, körperliches Unvermögen oder unheilbare Gebrechen oder Wahnsinn und ähnliches als dauernde Zustände constatirt sind: da darf der Staat die Ehescheidung nicht hindern. Lebt in dem betreffenden Theil ein solcher sittlicher Geist, oder fühlt er sich so gebunden in etwanigen Ordnungen und Vorschriften seiner Kirche, daß er auch solche Grundgebrechen und Vergehungen an dem andern Theil tragen mag, ohne die Ehe aufzuheben: so ist das seine Sache. Hat er aber diesen sittlichen

Sinn oder kirchlichen Gehorsam nicht, will oder kann die besagten Gebrechen oder Verbrechen nicht tragen: so ist es seine Sache sich mit Gott und mit seiner Kirche abzufinden, der Staat hat ihn nicht zu sittlichem Sinn noch zu Gehorsam gegen die Kirche zu zwingen.

Der Staat darf in allen solchen Fällen nicht nur die Ehescheidung nicht hindern: sondern er muß zuweilen zuvorkommend eingreifen und selbstthätig die Scheidung vollziehen, ohne den Antrag des Betheiligten abzuwarten, überall wo Leben Gesundheit Eigenthum gefährdet werden. Denn er hat hier wie überall die Pflicht diese Grundrechte eines jeden seiner Zugehörigen in Schutz zu nehmen unabhängig von dem Antrag des Bedrohten oder Verletzten.

9. Ehescheidungen mit Strafen zu belegen ist eine völlige Verkennung des Wesens des Staates.

Ist es ein an sich dem Strafgesetz verfallendes Vergehen oder Verbrechen, welches die Ehescheidung veranlaßt: so ist allerdings die Strafe zu verhängen, aber über das betreffende Vergehen oder Verbrechen und nach Maßgabe seiner Strafwürdigkeit, nicht aber um der Ehescheidung willen. Erfolgt aber die Ehescheidung aus andern Gründen die nicht dem Strafgesetz verfallen: so würde der Staat durch eine Verhängung der Strafe mit sich selbst in Widerspruch gerathen, indem er dann die Ehescheidung als solche also dasjenige bestrafen würde, was er selber als rechtsgültigen Akt vollzieht.

10. Wiederverheirathung verbieten liegt ganz außer der Befugniß des Staates. Es heißt das gewissen Leuten zur Strafe das Cölibat auflegen. Dazu giebt es in aller Welt nicht einmal eine sittliche noch kirchliche Berechtigung, am allerwenigsten eine des Staates. Und wäre gerade in diesem Falle um so verkehrter: als das Gebot der Enthaltsamkeit meistens solche treffen würde die am wenigsten zu seiner Erfüllung fähig sind. Hat der Staat rechtsgültig eine Ehe geschieden: so existirt dieselbe für ihn nicht mehr, und muß für jeden Theil die Eingehung jeder anderen Ehe möglich sein, wofern er die gesetzlichen Bedingungen erfüllt.

11. Trennungen von Tisch und Bett — das sind „geträumte oder gemalte Ehen," sagen wir mit Luther. Selbst vom sittlichen Standpunkt erweisen sie sich unzweifelhaft mehr als Untergrabungen denn als Förderungen der Sittlichkeit. Der Staat aber hat gar keinen Beruf zu dergleichen pädagogischen Experimenten.

12. Mit den Eheschließungen sollte es viel strenger genommen werden als es geschieht. Damit würde viel besser für die Ehe und auch für ihre Sittlichkeit gesorgt werden als durch

Erschwerung der Ehescheidungen. Es würden die Ehescheidungen unendlich weniger nöthig werden: wenn's bei der Eheschließung streng zugegangen wäre. Und namentlich diejenigen welche die Ehescheidungen hindern wollen: haben in demselben Maße Ursache lieber auf Erschwerung der Eheschließung zu denken. Wenn hier Aeltern und Vormünder ihre Pflicht versäumen: so müßten doch Kirche und Staat ihre Schuldigkeit thun.

Die Kirche sollte nun und nimmermehr sich zur Einsegnung einer Ehe hergeben, bei deren Eingehung die ersten grundlegenden Bedingungen nicht gegeben sind. Sie sollte daher, wo sie die Einsegnung vollziehen soll, von ihren Gliedern die rechtzeitige Mittheilung bez. zur Rathsertheilung fordern; aber vor allen Dingen auch durch frühzeitige Belehrung und Leitung ihrer Glieder ihre Schuldigkeit thun, wie sie es jetzt nicht thut.

Der Staat sollte die Eingehung der Ehe durch das Gesetz hindern: da wo die ersten unentbehrlichen Grundlagen zu einer Ehe, leibliche und Lebensbedingungen fehlen, wo schon in der Schließung die Scheidung gegeben ist. Wie er den noch unreifen Knaben und Mädchen die Ehe verbieten kann: so kann er auch verbieten, daß nicht ein 70jähriger Mann ein 18jähriges Mädchen und ein altes Weib von 60 Jahren einen jungen Mann von 20 Jahren heirathe; so kann er dem unheilbar kranken, so kann er dem schlechthin erwerblosen die Ehe verbieten. Er kann das, und muß es, zum Schutz seiner Angehörigen und des Gemeinwesens. Es braucht gar nicht in alte rigoröse Verbote zurückgefallen zu werden: aber es giebt äußerste Grenzen, welche der Staat nicht überschreiten lassen darf.

Durch richtige Vorkehr für die Schließung der Ehe von Seiten der Kirche und des Staates wird unvergleichlich besser gesorgt für die Ehe und auch für die Möglichkeit ihrer sittlichen Entwicklung, als durch Hinderung der Ehescheidung oder gar durch Strafen und Cölibatsverordnungen.

FSC
www.fsc.org
MIX
Papier | Fördert gute Waldnutzung
FSC® C083411

Kolibri 360 GmbH
Ferdinand-Jühlke-Straße 7
99095 Erfurt, Deutschland
produktsicherheit@kolibri360.de